Bibliografische Information der Deutschen Nationalbibliothek:

Die Deutsche Bibliothek verzeichnet diese Publikation in der Deutschen National-
bibliografie; detaillierte bibliografische Daten sind im Internet über http://dnb.d-
nb.de/ abrufbar.

Impressum:

Copyright © 2019 GRIN Verlag
Druck und Bindung: Books on Demand GmbH, Norderstedt Germany
ISBN: 9783346121707

Dieses Buch bei GRIN:

https://www.grin.com/document/520745

Anonym

Task force zur Unternehmensgründung. Standort, Corporate Identity, Teamentwicklung und Verhaltenskodex als Erfolgsfaktoren

GRIN Verlag

GRIN - Your knowledge has value

Der GRIN Verlag publiziert seit 1998 wissenschaftliche Arbeiten von Studenten, Hochschullehrern und anderen Akademikern als eBook und gedrucktes Buch. Die Verlagswebsite www.grin.com ist die ideale Plattform zur Veröffentlichung von Hausarbeiten, Abschlussarbeiten, wissenschaftlichen Aufsätzen, Dissertationen und Fachbüchern.

Besuchen Sie uns im Internet:

http://www.grin.com/

http://www.facebook.com/grincom

http://www.twitter.com/grin_com

Deutsche Hochschule für

Prävention und Gesundheitsmanagement

Projektarbeit

Modul	Interdisziplinär Sportökonomie
Studiengang	BSÖ
Datum Präsenzphase	04.11.2019 – 08.11.2019
Studienort	Stuttgart

*gemäß Auslosung Präsenzphase

Inhaltsverzeichnis

1 Auswahl des Standorts und der Unternehmensform

Als „task force" von Sportökonomen, welche Unternehmensberatung für verschiedene Institutionen in Deutschland anbieten, muss die eigene Ausgangssituation herausgearbeitet werden. Dafür werden zu Beginn ein geeigneter Standort sowie die Unternehmensform ausgewählt und argumentativ begründet. Dabei zählen die Standortwahl und die Wahl der Unternehmensform zu den konstitutiven Entscheidungen, welche als grundlegende Entscheidungen zu verstehen sind und den langfristigen Handlungsrahmen des Unternehmens festlegen (Olfert & Rahn, 2010, S. 48). Im Allgemeinen zählen die konstitutiven Entscheidungen aufgrund der strategischen Ausrichtung sowie der Bestimmung von Entwicklung, Strukturen und Prozessen innerhalb eines Unternehmens zu den weitreichendsten langfristigen Entscheidungen (Jung, 2002, S. 57).

1.1 Standortwahl

Die Wahl des Standorts erfolgt nach den Standortfaktoren, welche als Tatbestände gelten, „die für die Wahl eines Standortes unter ökonomischen Gesichtspunkten maßgebend sind" (Jung, 2002, S. 61). Weitergehend erfolgt die Unterteilung in einsatz-, produktions- und absatzbezoge Standortfaktoren (Vahs & Schäfer-Kunz, 2000, S. 47). Schlussendlich erfolgt die Standortauswahl über die Entscheidung des Unternehmens aufgrund der betriebsspezifischen Anforderungen, welche Standortfaktoren eine niedrigere oder höhere Gewichtung erfahren (Jung, 2002, S. 71). Die folgende Tabelle zeigt die Faktoren, welche bei der Standortwahl der „task force" berücksichtigt wurden.

Tab. 1: Faktoren einer Standortwahl (modifiziert nach Wöhe & Döring, 2005, S. 304 ff.)

Grundstücke/Immobilien	Verfügbarkeit, Größe, Preis
Personal	Verfügbarkeit, Qualifikation, Kosten
Infrastruktur	Verkehrsanbindung, Parkplatzsituation
Absatzmarkt	Größe
Wettbewerbssituation	Anzahl, Positionierung, Größe
Steuern und Subventionen	Zuschüsse, Gründungshilfen

Der Standort des gegründeten Unternehmens ist der Fugger Business Park in der Fuggerstraße 1c in Leipzig. Die ausgewählten Büroflächen liegen dabei im 1. Obergeschoss der Immobilie. Die folgende Abbildung zeigt die genaue Lage, das Bürogebäude sowie den Lageplan mit den gemieteten Büroflächen.

Abb. 1: Standort des Unternehmens (eigene Darstellung nach Google, 2019)

In der folgenden Tabelle wird die Standortwahl auf die Stadt Leipzig und den Fugger Business Park detailliert begründet.

4

Tab. 2: Begründung der Standortwahl

Grundstücke/Immobilien
• Ausreichende Größe und Anzahl an Büros
• Geringste Mietkosten im Vergleich zu den 10 größten deutschen Städten (Immowelt, 2019)
Personal
• Ausgeprägtes Bevölkerungswachstum (Stadt Leipzig, 2019a)
• sehr geringes Einkommen/Kopf im Vergleich zu den 15 größten deutschen Städten (WSI, 2019)
Infrastruktur
• Hervorragende Verkehrslage am Schnittpunkt der A14 und der B2, dadurch 10 Minuten zum Flughafen und 15 Minuten in die Innenstadt sowie 5 Minuten zum Autobahnkreuz A9 (Fugger Business Park, 2019a)
• 165 mögliche Stellplätze für Kunden und Mitarbeiter (Fugger Business Park, 2019b)
• Synergieeffekte durch benachbartes Hotel für Geschäftskunden mit weiter Anreise (Google, 2019)
Absatzmarkt
• Neben Spitzensport (z.b. RB Leipzig), 401 Vereine mit rund 100.000 Mitgliedern (Stand: 2017) (Stadt Leipzig, 2019b)
• Leipzig gilt als eine „Hauptstadt des Sports" (Stadt Leipzig, 2019c)
Wettbewerbssituation
• Keine Konkurrenz im gewählten Industriegebiet Seehausen
• Zahlreiche Mitbewerber im Einzugsgebiet Leipzig (Google, 2019)
Steuern und Subventionen
• Gründungsförderung durch die Stadt Leipzig (Stadt Leipzig, 2019d)

1.2 Unternehmensform

Die Wahl der Unternehmensform erfolgt nach wesentlichen Entscheidungskriterien, welche in betriebswirtschaftliche, steuerliche, haftungsrechtliche und sonstige Kriterien unterteilt werden (Domschke & Scholl, 2005, S. 9). Hinsichtlich der Unternehmensform findet eine Entscheidung zwischen Personen- oder Kapitalgesellschaft statt. Der Unterschied zwischen der Personen- und Kapitalgesellschaft besteht in einer unterschiedlichen Bindung zwischen Gesellschaftern und dem Unternehmen. Während Kapitalgesellschaften rechtlich selbstständig sind und als juristische Personen gelten, stehen Personengesellschaften in sehr starker Bindung zu ihren Gesellschaftern (Olfert & Rahn, 2010, S. 127). Bei der Wahl der Unternehmensform liegt es an der Unternehmensführung, welche wesentlichen Kriterien vorrangig ausgewählt werden (Wöhe & Döring, 2005, S. 251). Im Fall der „task force" wurde die Haftung, die Flexibilität und die Stellung in den Vordergrund der Auswahl der Unternehmensform gestellt und so die Gesellschaft mit beschränkter Haftung (GmbH) ausgewählt. Der wesentliche Vorteil der GmbH ist die Möglichkeit der Haftungsbeschränkung gegenüber Dritten hinsichtlich des Firmenvermögens, da die Kapitalgesellschaft rechtlich selbstständig ist und demnach nur mit dem Gesellschaftsvermögen haftet. Dieser Schritt ist notwendig aufgrund der nationalen Ausrichtung des Unternehmen und die daraus folgenden hohen Investitionen in das Kapital (§ 13 GmbHG). Die Flexibilität der GmbH ist ein weiterer Vorteil dieser Unternehmensform, da ein Wechsel von Gesellschaftern unkompliziert möglich ist. Bei der Übertragung oder der Abtretung von Geschäftsanteilen wird beispielsweise lediglich ein in notarieller Form geschlossener Vertrag benötigt (§ 16 GmbHG). Das hohe Ansehen innerhalb der Bevölkerung Deutschlands ist ein weiterer Vorteil der GmbH. Dies zeigt auch eine Statistik aus dem Jahr 2014, in der rund 40 Prozent der Unternehmen mit der Rechtsform GmbH gegründet wurden (Statistisches Bundesamt, 2014).

2 Entwicklung einer Corporate Identity

Die Corporate Identity ist die Selbstdarstellung und Verhaltensweise eines Unternehmens, welche sowohl strategisch geplant als auch operativ eingesetzt wird (Meffert & Burmann, 1996, S. 23 ff.). Dadurch soll ein unverwechselbares Unternehmensbild entwickelt werden, welches einen Wiedererkennungseffekt erzielen kann (Meffert, Burmann, Kirchgeorg, & Eisenbeiß, 2019, S. 281). Die Zielsetzung der Corporate Identity ist, einen Zusammenhang zwischen Erscheinung, Worten und Taten herstellen zu können, welche auf dem Unternehmensleitbild aufbauen (Bruhn, 2005, S. 97). Dabei wird die Corporate Identity in die drei Teilbereiche Corporate Design, Corporate Communication und Corporate Behaviour unterteilt (Becker, 2009, S. 831).

2.1 Corporate Design

Das Corporate Design gilt als optische Umsetzung der Corporate Identity und sorgt für den Wiedererkennungseffekt des Unternehmens durch die Erstellung eines unverwechselbaren und einprägsamen Bildes (Becker, 2009, S. 639). Dabei werden unter anderem die Bestandteile Unternehmensname, Unternehmenslogo, Unternehmensfarben und Schrifttyp dem Corporate Design zugeordnet (Becker, 2009, S. 831). Die Abbildung zeigt das Unternehmenslogo, welches die Unternehmensfarben „Rot-Weiß" und den Unternehmensschrifttyp „Bahnschrift" verwendet. Außerdem enthält das Logo den Unternehmensnamen „LASSW", welcher die Anfangsbuchstaben der Nachnamen der fünf Unternehmensgründer enthält.

Abb. 2: Logo des Unternehmens LASSW

2.2 Corporate Communication

Die Corporate Communication beschäftigt sich mit der Kommunikation der Corporate Identity in der Öffentlichkeit, um so die Besonderheiten des Unternehmens sichtbar und hörbar zu machen. Dabei zählen die Auswahl der Kommunikationselemente und der Art der Werbung, die Wiederholungshäufigkeit in den Medien sowie die sprachliche Gestaltung und Formulierung der gesamten Unternehmenskommunikation zu den Bestandteilen der Corporate Communication (Homburg, 2012, S. 822). Die Besonderheit der Corporate Communication der LASSW ist der Slogan „Die Beratungsintelligenz", der in jeder Werbemittelgestaltung enthalten ist, um so die Positionierung einer fachlich hochwertigen Beratung deutlich zu machen. Hinsichtlich der genutzten Kommunikationselemente wird auf Internetwerbung und Social-Media zurückgegriffen, um so die Zielgruppe außerhalb von Leipzig erreichen zu können.

2.3 Corporate Behaviour

Um der gewählten Positionierung unter dem Slogan „Die Beratungsintelligenz" gerecht zu werden, gilt es Servicestandards für Kunden, das Verhalten des Unternehmens in der Außenwirkung und das Verhalten innerhalb des Unternehmens festzulegen. Diese Aufgaben der Corporate Behaviour stellen sicher, dass das Verhalten und die Resultate des Unternehmens im Einklang mit den Werbeaussagen stehen (Weis, 2009, S. 537 f.). Für die LASSW heißt das, für Handbücher und Schulungen zu sorgen, um so das Verhalten der Mitarbeiter bestmöglich schulen und einen zu können.

3   Teamentwicklung

In einem Team, das nach Daumann aus mindestens zwei Akteuren besteht, gilt es, eine Gesamtaufgabe durch Zusammenarbeit zu lösen (2011, S. 101). Dabei ist das Ergebnis in Abhängigkeit zur Kollektiv- und zu den Einzelleistungen zu sehen, wobei jede Einzelleistung einen Beitrag zum Gesamtergebnis liefert. Der geleistete Erfolg des Teams ist dabei abhängig von der Kommunikations- und Kooperationsfähigkeit der einzelnen Teammitglieder. Um sich als Team weiterzuentwickeln, bedarf es eines aktiven Gruppenprozesses, welcher eine selbstständige Entwicklung der Teammitglieder voraussetzt. Für diesen Entwicklungsprozess werden die individuellen Stärken und Schwächen sowie die Persönlichkeitsstruktur der Teammitglieder und außerdem die Gruppendynamik, die Aufgabenstellung und die vielfältigen Rahmenbedingungen des Teams einbezogen (Gellert & Nowak, 2010, S. 163). Dabei beschreibt Tuckman einen Teambildungsprozess als Phasenmodell, welcher immer wieder neu durchlebt wird (1965). Dieses Modell besteht aus vier Phasen und wird nachfolgend als Teamentwicklungsuhr dargestellt

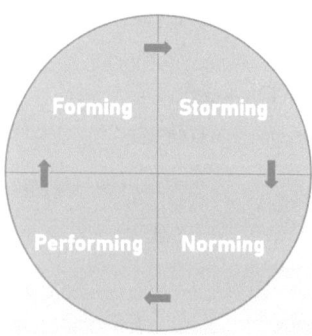

Abb. 3: Teamentwicklungsphasen (eigene Darstellung)

Die Unterteilung der einzelnen Phasen erfolgt über drei Fragestellungen pro Phase, wobei deren Antworten eine eindeutige Zuordnung in die Forming-, Storming-, Norming- und Performing-Phase zulässt, was die nachfolgende Abbildung zeigt.

Phase	Fragestellung	Trifft voll zu	Trifft nicht zu
Forming	Herrscht Unsicherheit innerhalb der Gruppe?	X	
Forming	Wer oder was bin ich hier in der Gruppe?	X	
Forming	Welches Verhalten ist hier angemessen?	X	
Storming	Kommt es zum Stillstand in der Gruppe?	X	
Storming	Werden Konflikte unterschwellig oder offen ausgetragen?	X	
Storming	Stoßen unterschiedliche Arbeitsweisen und Persönlichkeiten aufeinander?	X	
Norming	Werden zu erledigende Arbeiten neu entwickelt und geplant?	X	
Norming	Beginnt der Informationsaustausch offener zu werden?	X	
Norming	Werden vorhandene Ressourcen effizient eingesetzt?	X	
Performing	Wird effizient und effektiv gearbeitet?	X	
Performing	Basiert die Beziehungsebene auf Vertrauen?	X	
Performing	Können Lösungen gefunden und Entscheidungen getroffen werden?	X	

Abb. 4: Fragestellung zu den Phasen der Teamentwicklung (eigene Darstellung)

4 Probleme in Team- und Gruppenarbeiten

Die aus der Teamarbeit entstehenden Probleme müssen über die Neue Institutionenökonomie systematisch und strukturiert erfasst werden. In dieser werden die Wirtschaftsak-
teure unter der Berücksichtigung von Institutionen als begrenzt rational und opportunis-
tisch handelnd angesehen. Dabei können Institutionen als Spielregeln verstanden werden,
welche formal oder informell eine Motivations- und Koordinationsfunktion zugeschrie-
ben bekommen, da dadurch das menschliche Verhalten beeinflusst wird (Göbel, 2002, S.
6 ff.). Durch die Nutzung der Neuen Institutionenökonomie kann den aufgezeigten Team-
problemen durch gezielt entwickelte Lösungsansätze entgegengewirkt werden (Thieme,
2011, S. 127). Im Allgemeinen können bei Teamarbeiten Probleme hinsichtlich von
Kommunikationsschwierigkeiten durch unterschiedliche Persönlichkeiten und durch unterschiedliche Arbeitsweisen entstehen. Des Weiteren sind persönliche Differenzen zwischen einzelnen Gruppenmitgliedern als allgemeines Problem zu sehen, wenn ihr Kon-
flikt entweder offen oder unterschwellig in der Gruppe ausgetragen wird. Als letztes ge-
nerelles Problem in einer Gruppenarbeit können unterschiedliche Zielsetzungen genannt
werden, die zum einen das Ergebnis und zum anderen die Arbeit an sich beeinflussen
(Gellert & Nowak, 2010, S. 210). Aus den Grundannahmen der Neuen Institutionenökonomie lassen sich Subtypen von Problemen ableiten. Diese werden unterschieden in ex

ante-Informationsdefizite, die vor dem Vertragsabschluss auftreten und in ex post-Informationsdefizite, die während oder nach der Leistungserbringung existieren. Die Probleme vor dem Vertragsabschluss können weiterführend in „hidden intention", also das Verbergen von Leistungsqualität und Handlungsabsichten sowie in „hidden characteristics", also das Verbergen von den wirklichen Eigenschaften der Person unterschieden werden. Die Probleme während oder nach der Leistungserbringung werden in „hidden action", also nicht beobachtbare oder kontrollierbare Leistungen sowie „hidden information", also verborgene Informationen unterschieden (Daumann, 2011, S. 64). Diese Probleme können ebenso auf Team- und Projektarbeiten übertragen werden und demnach sowohl ex ante, also vor der Aufgabenbearbeitung als auch ex post, also während der Aufgabenbearbeitung auftreten. In der „task force" der LASSW kann es zu einem ex ante-Problem kommen, wenn ein Teammitglied aufgrund seiner zur Verfügung stehenden Informationen überlegen ist und diese während der Teamarbeit ausnutzt, um dadurch seinen eigenen Nutzen erhöhen zu können (Ripperger, 1998). Ein klassisches Problem, das während der Teamarbeit in der „task force" auftreten kann, ist ausbleibendes oder falsches Feedback der Gruppenmitglieder. Dabei wird unter Feedback lediglich eine Rückmeldung von wahrgenommen Eindrücken verstanden und ist dementsprechend nicht als Beurteilung oder Bewertung zu sehen. Bleibt dieses Feedback nun aus, können die einzelnen Teammitglieder keine Korrektur ihres Verhaltens vornehmen und der Teamentwicklungsprozess kann nicht zielorientiert fortgeführt werden (Jung, 2006, S. 467). Ein weiteres Problem, das vor sowie auch während der Teamarbeit auftreten kann, ist die fehlende Rollenverteilung und eine schlecht geplante Aufgabenverteilung der einzelnen Teammitglieder. Dazu kommt das Fehlen einer Gruppenleitung, welche diese Rollenverteilung übernimmt sowie bei Diskussionen innerhalb der Gruppe für Ordnung sorgen kann.

5 Verhaltenskodex

Auf Basis der Problemstellungen ist es wichtig eine Rollenverteilung der Gruppenmitglieder durchzuführen, um so einen geregelten Ablauf und feste Prozesse zu schaffen. Die Auswahl der Rollen richtet sich nach den Stärken der einzelnen Teammitglieder, um so in der Teamarbeit bestmöglich von einander profitieren zu können (von Hagen, 2007). Die Rollenverteilung der „task force" der LASSW kann der folgenden Tabelle entnommen werden.

Teamrolle	Teammitglied
Moderatorin und Teamleiterin	Nicole
Protokollant	Kristofer
Recherchespezialist	Daniel
Recherchespezialist	Alex
Designer und Präsentationsspezialist	Markus

Um den oben genannten Problemen weiterhin entgegenwirken zu können, bedarf es eines Verhaltenskodex. Dieser soll von allen Teammitgliedern getragen und eingehalten werden. Dabei besteht der Verhaltenskodex aus fünf Regeln, welche zur Prävention der Probleme sowohl vor als auch während der Teamarbeit beitragen. Weiterhin wird dadurch ein effizientes und effektives Arbeiten innerhalb der Performing-Phase zugelassen (Singh, 2013).

Tab. 4: Verhaltenskodex der "task force"

	Verhaltenskodex
1	Teambasiertes Handeln und gegenseitige Unterstützung für den gemeinsamen Erfolg
2	Strukturiertes Arbeiten durch die Festlegung und Einhaltung der Rollenverteilung
3	Kommunikative Zusammenarbeit durch ausgewogenes und sachliches Feedback
4	Aktives Zuhören und Akzeptanz des erhaltenen Feedbacks
5	Motivierte Arbeitsweise und gegenseitige Unterstützung

6   Literaturverzeichnis

Becker, J. (2009). *Marketing-Konzeption. Grundlagen des ziel-strategischen und operativen Marketing-Managements (9., aktualisierte und erg. Aufl.)*. München: Vahlen.

Bruhn, M. (2005). *Unternehmens- und Marketingkommunikation. Handbuch für ein integriertes Kommunikationsmanagement.* München: Vahlen.

Daumann, F. (2011). *Grundlage der Sportökonomie (UTB, Bd. 3184)*. Konstanz: UVK.

Domschke, W., & Scholl, A. (2005). *Grundlagen der Betriebswirtschaftslehre. Eine Einführung aus entscheidungsorientierter Sicht (Springer-Lehrbuch, 3. AUfl.).* Dordrecht: Springer.

Fugger Business Park. (2019a). *Lage und Verkehr.* Zugriff am 17.11.2019. Verfügbar unter https://www.fugger-buero.de/lage-und-verkehr/.

Fugger Business Park. (2019b). *Technisch und logistisch gut ausgestattet.* Zugriff am 17.11.2019. Verfügbar unter https://www.fugger-buero.de/ausstattung/.

Gellert, M., & Nowak, C. (2010). *Teamarbeit, Teamentwicklung, Teamberatung. Ein Praxisbuch für die Arbeit in und mit Teams (4., überarbeitete Aufl.).* Meezen: Limmer.

Göbel, E. (2002). *Neue Institutionenökonomik. Konzeption und betriebswirtschaftliche Anwendungen (Betriebswirtschaftslehre, Bd. 2235).* Stuttgart: Lucius & Lucius.

Google. (2019). *Google Maps - Fugger Business Park.* Zugriff am 17.11.2019. Verfügbar unter https://www.google.com/maps/place/Fugger+Business+Park/@51.401175 7,12.3897624,1034m/data=!3m1!1e3!4m5!3m4!1s0x47a6582bfdacccd9:0xf065 0ae8b96a61ec!8m2!3d51.4023282!4d12.3892093.

Homburg, C. (2012). *Marketingmanagement. Strategie - Instrumente - Umsetzung - Unternehmensführung (4., überarbeitete u. erw. Aufl. 2012).* Wiesbaden: Springer Gabler.

Immowelt. (2019). *Entwicklung der Mietpreise für Wohnungen in den größten Städten in Deutschland von 2009 bis 2019.* Zitiert nach de.statista.com. Zugriff am 18.11.2019. Verfügbar unter https://de.statista.com/statistik/daten/studie/ 167163/umfrage/mietentwicklung-in-den-deutschen-grossstaedten/.

Jung, H. (2002). *Allgemeine Betriebswirtschaftslehre (8., überarbeitete Aufl.).* München: Oldenbourg.

Jung, H. (2006). *Personalwirtschaft (7., überarbeitete Aufl.).* München: Oldenbourg.

Meffert, H., & Burmann, C. (1996). *Identitätsorientierte Markenführung - Grundlagen für das Management von Markenportfolios. (Arbeitspapiere Nr. 100).* Münster: Wissenschaftliche Gesellschaft für Marketing und Unternehmensführung e.V.

Meffert, H., Burmann, C., Kirchgeorg, M., & Eisenbeiß, M. (2019). *Marketing. Grundlagen marktorientierter Unternehmensführung (13., überarbeitete und erweiterte Aufl.). Konzepte - Instrumente - Praxisbeispiele.* Wiesbaden: Springer Gabler.

Olfert, K., & Rahn, H.-J. (2010). *Einführung in die Betriebswirtschaftslehr (10., verbesserte und aktualisierte Aufl.).* Herne: Kiehl.

Ripperger, T. (1998). *Ökonomik des Vertrauens. Analyse eines Organisationsprinzips (Die Einheit der Gesellschaftswissenschaften, Bd. 101, 1. Aufl.).* Tübingen: Mohr Siebeck.

Singh, S. (2013). Verhaltenskodex: Ein echtes Anliegen oder bloß Augenwischerei? In G. Burckhardt, *Corporate Social Responsibility - Mythen und Maßnahmen* (S. 107-111). Wiesbaden: Springer Gabler.

Stadt Leipzig. (2019a). *Leipzig behauptet 2. Platz im Städteranking für Zukunftsfähigkeit.* https:/Zugriff am 17.11.2019. Verfügbar unter /www.leipzig.de/news/news/leipzig-behauptet-2-platz-im-staedteranking-fuer-zukunftsfaehigkeit/.

Stadt Leipzig. (2019b). *Kultur und Sport - Sportvereine und deren Mitglieder.* Zugriff am 17.11.2019. Verfügbar unter https://statistik.leipzig.de/statcity/table.aspx?cat=11&rub=6&item=0.

Stadt Leipzig. (2019c). *Sport in Leipzig.* Zugriff am 17.11.2019. Verfügbar unter https://www.leipzig.de/freizeit-kultur-und-tourismus/sport/.

Stadt Leipzig. (2019d). *Neue Gründerzeit stärkt die wachsende Stadt.* Zugriff am 17.11.2019. Verfügbar unter https://www.leipzig.de/wirtschaft-und-wissenschaft/gruendungsfoerderung/.

Statistisches Bundesamt. (2014). *GmbH weiter hoch im Kurs.* Zitiert nach de.statista.com. Zugriff am 17.11.2019. Verfügbar unter https://de.statista.com/infografik/3374/gewaehlte-rechtsform-bei-eingetragenen-betriebsgruendungen-in-deutschland/.

Thieme, L. (2011). *Zur Konstitution des Sportmanagements als Betriebswirtschaftslehre des Sports. Entwicklung eines Forschungsprogramms (Edition Sport: Ökonomie: Wissenschaft, Bd. 1, 1. Aufl.).* Berlin: epubli.

Tuckman, B. (1965). *Developmental sequences in small groups. Psychological Bulletin, 63, 348-399.*

Vahs, D., & Schäfer-Kunz, J. (2000). *Einführung in die Betriebswirtschaftslehre (2., überarbeitete und erweiterte Aufl.).* Stuttgart: Schäffe-Poeschel.

Weis, H. (2009). *Marketing (15., verbesserte und aktualisierte Aufl.).* Ludwigshafen (Rhein): Kiehl.

Wöhe, G., & Döring, U. (2005). *Einführung in die Allgemeine Betriebswirtschaftslehre (22. neubearbeitete Aufl.).* München: Vahlen.

WSI. (2019). *Ranking zum verfügbaren Einkommen pro EInwohner in den 15 größten Städten Deutschlands im Jahr 2016 (in Euro).* Zitiert nach de.statista.com. Zugriff am 17.11.2019. Verfügbar unter https://de.statista.com/statistik/daten/studie/998971/umfrage/verfuegbares-einkommen-in-den-groessten-staedten-in-deutschland/.

7 Abbildungs- und Tabellenverzeichnis

7.1 Abbildungsverzeichnis

7.2 Tabellenverzeichnis